# La mayoría de estos dinosaurios están contentos. ¿Cuál no lo está?

9788468373638

AF221013

# Une los puntos y descubre el personaje oculto.

# Ayuda al astronauta a encontrar el camino hacia la Tierra.

# Encuentra estos siete objetos en la estantería.

¿Cuántos objetos hay en total en la estantería?

# Pinta el dibujo siguiendo el código de colores.

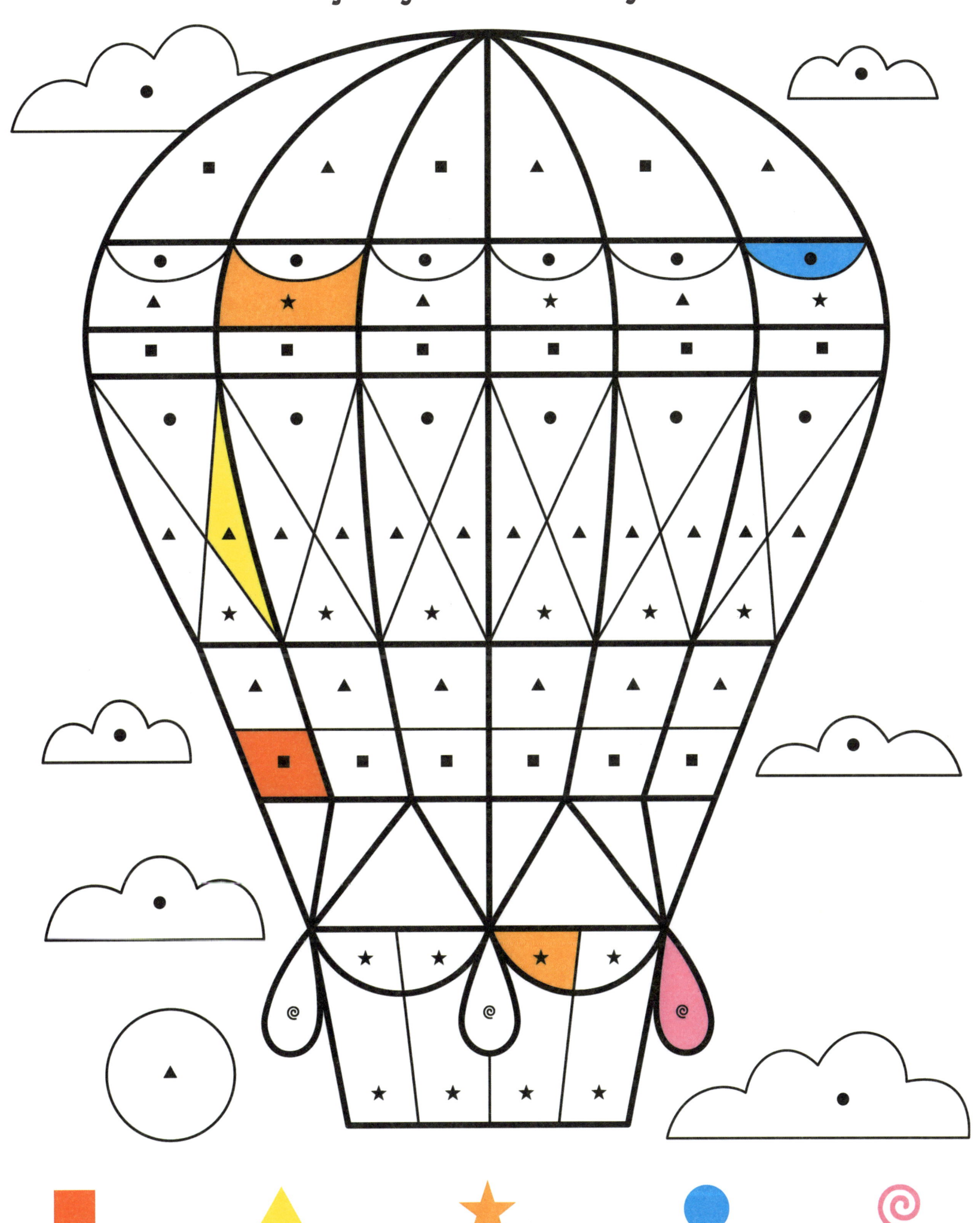

¿De quién es cada sombrero? Escribe la letra correcta en cada caso.

A

B

G

D

F

E

C

H

J

I

K

¿Cuántos sombreros quedan sueltos? Píntalos de naranja.

# ¿Cuál de estos pulpos tiene demasiadas patas?

# Ayuda a estos piratas a descifrar el código que abre el cofre del tesoro.

| A | B | C | D | E | F | G | H | I | J | K | L | M |
|---|---|---|---|---|---|---|---|---|---|---|---|---|

| N | O | P | Q | R | S | T | U | V | W | X | Y | Z |
|---|---|---|---|---|---|---|---|---|---|---|---|---|

Este ratón teme a los gatos. ¡Ayúdalo a llegar al queso grande!

¿Cuál de estos animales no es un unicornio?

# Encuentra siete objetos que no pertenecen a la naturaleza.

# Repasa las líneas y pinta.

Señala las ocho diferencias entre estos dos dibujos.

¿De qué serpiente es cada cola?
Escribe la letra correcta en cada bandera.

# Relaciona los envoltorios de arriba con los objetos de abajo. Únelos con una flecha.

## ¿Dónde puedes usar estos objetos? En la...

playa

¿Cuántos monos hay en este árbol?

# Completa y pinta este hermoso pavo real.

Entre estos dos dibujos hay 10 diferencias. ¡Encuéntralas!

# En este árbol hay un animal intruso. ¿Cuál es?

# Dibuja en cada casilla el elemento que continúa la serie.

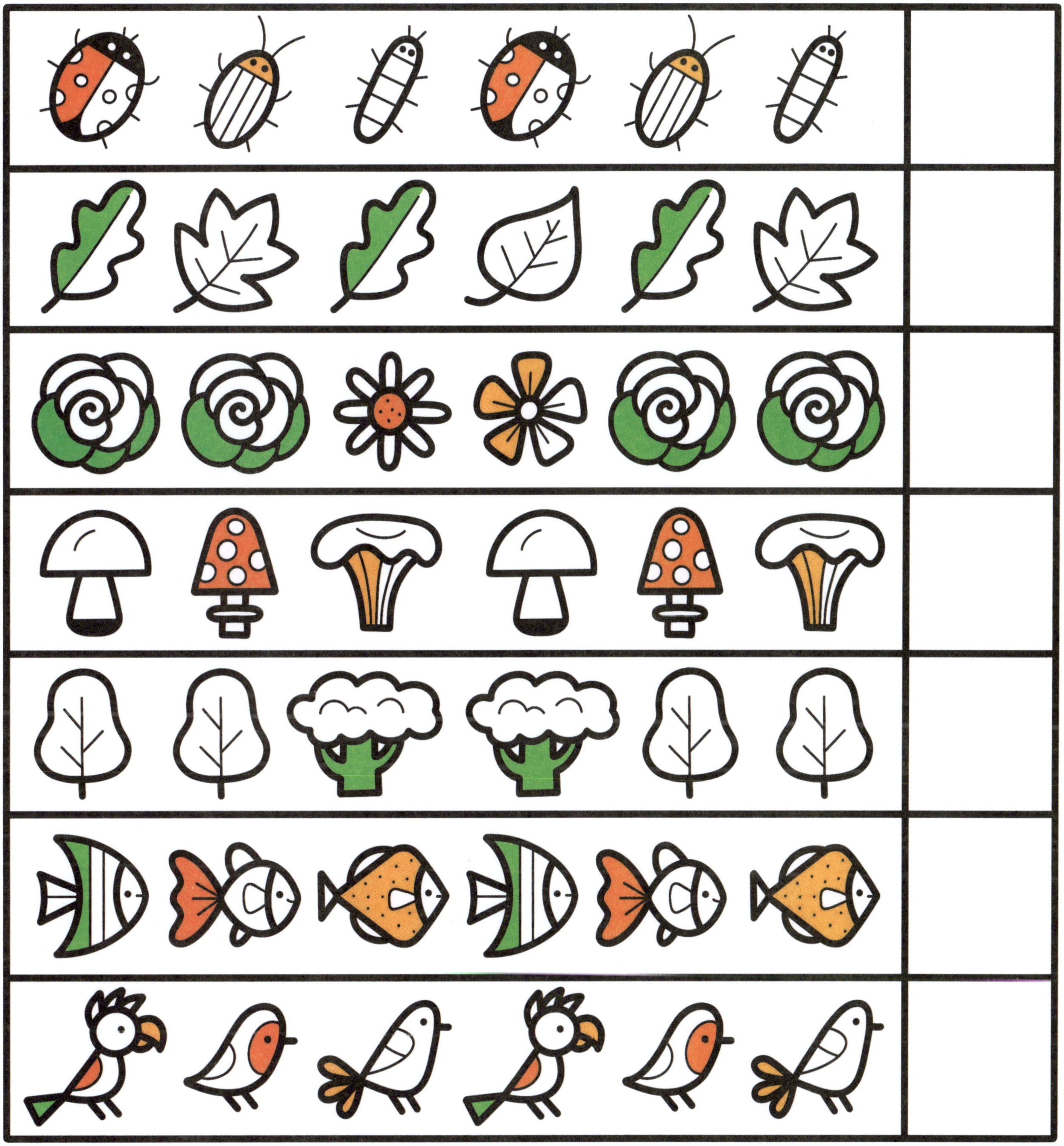

Lo que pertenece a la naturaleza es...

natural

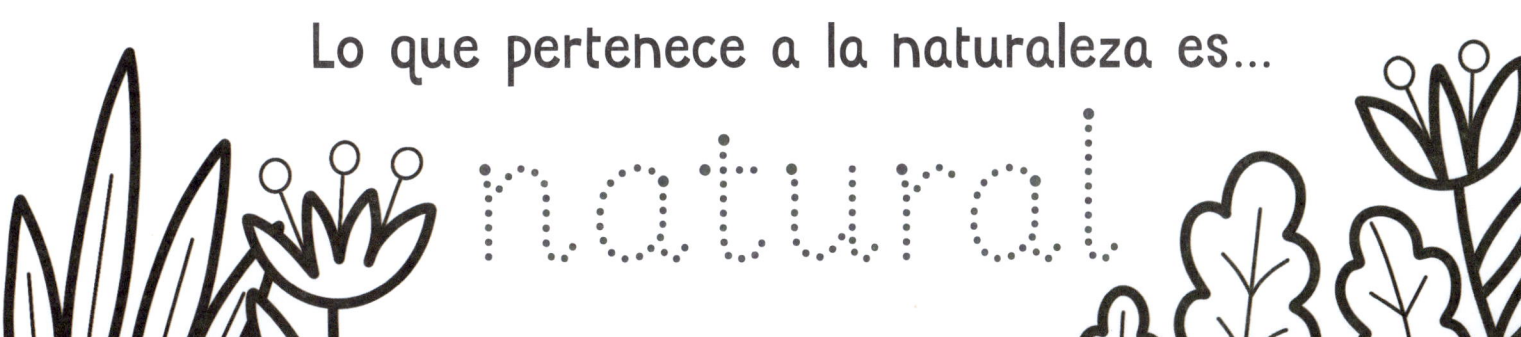

# Pinta las letras que forman el nombre de cada animal.
## Usa siempre la letra central. En algunas palabras se repite varias veces.

# Escribe en los círculos la letra que corresponde a cada pieza del puzle.

# Repasa los números y únelos con la suma que corresponda en cada caso.

Resuelve las sumas y pinta del color correspondiente
a cada número.

2 + 2 = __    1 + 1 = __    3 + 2 = __    2 + 1 = __    4 + 2 = __

# Pinta todo aquello que puedas encontrar en una cocina.

¿Qué objeto aparece solo una vez?